**depois
a noite**

DEPOIS
A NOITE

Val Prochnow

Depois a noite © Val Prochnow 5/2023
Edição © Crivo Editorial, 5/2023

PREPARAÇÃO
Maraíza Labanca

REVISÃO
Amanda Bruno de Mello

CAPA, PROJETO GRÁFICO & DIAGRAMAÇÃO
Mário Vinícius

COORDENAÇÃO EDITORIAL
Lucas Maroca de Castro

Dados Internacionais de Catalogação
na Publicação (CIP) de acordo com ISBD

P963d	Prochnow, Val
	Depois a noite / Val Prochnow.
	- Belo Horizonte, MG : Crivo Editorial, 2023.
	72 p. : il. ; 14,2 × 22,9 cm
	Inclui índice.
	ISBN: 978-65-89032-50-2
	1. Literatura Brasileira. 2. Poesia. I. Título.
	CDD: B869.1
2023-492	CDU: 821.134.3(81)-1

Elaborado por Vagner Rodolfo da Silva – CRB-8/9410

Índice para catálogo sistemático:
1. Literatura brasileira : Poesia 869.1
2. Literatura brasileira : Poesia 821.134.3(81)-1

CRIVO EDITORIAL
Rua Fernandes Tourinho, 602, sala 502
30.112-000 – Funcionários – Belo Horizonte – MG

🌐 crivoeditorial.com.br
✉ contato@crivoeditorial.com.br
f facebook.com/crivoeditorial

📷 instagram.com/crivoeditorial
🌐 crivo-editorial.lojaintegrada.com.br

Para Iara, primeira e única
Para Gael, primeiro e único
Para meu pai

Nunca limites o amor, filho, nunca por preconceito algum
limites o amor. O miúdo perguntou: porque dizes isso, pai.
O pescador respondeu: porque é o único modo de também
tu, um dia, te sentires o dobro do que és.

VALTER HUGO MÃE

Depois de meses sonhei com a minha avó, ela saindo
de dentro duma sala de velório, vestida num manto azul,
me dizia: se não há pressa na morte, por que tanta pressa,
por que tão apressada na vida? e me dizia algo sobre
relíquias, os seus valores, os modos de distinção entre elas
e o lixo que não é desperdício. Ainda antes de se despedir
dizia: o amor é uma caixinha de música dos pulmões,
é saber tocá-la com a respiração.

JÚLIA DE CARVALHO HANSEN

Sumário

**notas
de ausência**

I	jamais imaginei viver para me salvar.	— 12
II	os dias são iguais. todas as dores	— 13
III	no dia em que não voltei	— 14
IV	os dias os mesmos e o exercício didático	— 15
V	uma imagem fixa	— 16
VI	acordo com cães urgentes	— 17
VII	no fundo de nós dois	— 18
VIII	amanheci	— 19

**como se o presente intenso
demais abrisse o início das
confidências**

	o papel tomado assim como	— 22
	um fio de papel	— 23
I)	o que pode uma mulher diante da brutal certeza	— 24
II)	uma mulher diante da morte pode tudo:	— 25
III)	uma mulher à beira da morte pode	— 26
IV)	o que pode uma mulher diante do inflamável?	— 27
	ela saberia o que fazer nesses tempos de agora,	— 28
	alguém que consiga reproduzir o estralo dos seus lábios	— 29
	formiga a ponta dos dedos	— 30
	impossível o corpo	— 31
	caminhar sua cabeça	— 32
	– é líquida a chegada	— 33
	disse o homem	— 34
	eu fui aquilo que jamais ousei.	— 35

a última imagem que você viu — 36
– a mãe que se reparte — 37
escrevo este poema — 38
como não ventava lá fora — 39
qual a cor imediata da água — 40
– uma criança solitária em um parque escuro — 41
para explicar o som da máquina que fazia — 42
escutará uma mulher a outra na imensidão do colchão
    nas noites sem fim? — 43
o corpo nu e os braços cansados. — 44
deu agora de chupar o chão — 45
uma coisa íntima plantada entre duas — 46
– um barco guiado por estrelas já mortas — 47

I   ninguém podia trançar as roscas — 48
II não consigo lembrar o gosto da primeira coisa — 49

deitar ao seu lado alto dia ainda ouvir — 50
pernas cruzadas — 51
como se diz língua em todos os cantos — 52
– como é possível atar em um só nó: — 53
para onde iam — 54
atentos ao ínfimo dos números — 55
sempre pisamos descalços o dorso quente das pedras — 56
– vê. estão verdes ainda — 57
a casa de pássaros vibrantes — 58
o pai dois andares as gaivotas — 60
passou a acordar antes o desejo — 61
da memória deste lugar — 62
meu filho nasceu aos 51 minutos do dia 18 — 63
– ainda vamos nadar no azul e — 65

Posfácio

da força do indeterminado — 68
por Maraíza Labanca

notas de ausência

I

jamais imaginei viver para me salvar.
ainda que minta alegrias
os dias, iguais
desconheço as rugas de hoje e
essa dor recente.
vejo a mulher que sou
ultrapassada pelas pontas do destino
velha cansada antes e depois.
as olheiras alargam no tempo

ele está morto e não há outra verdade.

II

os dias são iguais. todas as dores
neste colchão pequeno. a grande cama
desfez-se no primeiro
desamparo das horas

o corpo largo e quente, sua anatomia
noturna e a súplica
esqueça o pânico

os dias iguais
tento me perder no canto da mãe e em seu silêncio
organizado
percorro as escamas dos versos
vestígios de frágil ossatura

se desapareço, salva
a dor me encontra.
os dias, iguais
acordo só

as dores mudam de lugar.

III   no dia em que não voltei
          seu corpo se partiu

a varanda as roupas dependuradas a árvore
o gato do vizinho a espantar os cachorros:

o que faço com as partes do rito
diário enguiçado à sua espera?

IV

os dias os mesmos e o exercício didático
há uma existência possível quando o desconhecido
é a própria paisagem?

o tempo enlouquece neste estado de mínimas certezas
o chão firme recusa
a pele encostada no azulejo velho as fibras dos músculos
pontos de luz na retina o grito manco e a música sem fim

há uma morte inaugurada em meu corpo impreciso.

V

uma imagem fixa
o grito bem perto dos ouvidos
o sono inacabável
o medo de tocar sua pele
sabê-la fria

a cadela lambeu suas costas
outro cão uivou lá fora
todo o bando

juntei-me a eles

as roupas tiradas do varal ainda sobre a mesa
um cigarro aceso entre os dedos
que não fumei

há coisas sem consolo

VI

acordo com cães urgentes
como quem acredita em milagres

agora acordar é nascer

a casa pequena
geladeira
corpo quarto copo
o chão como hábito

dissolver a impossível distância
quando você dizia viver é só

afogar o ar na neblina profunda das noites em claro

partes de quebra-cabeças unidas sem respeito
às imagens que voam perdidas contra a luz
seus olhos resistentes, os meus doloridos
a verdade

despedir-se dormindo, não acender o dia.

VII

no fundo de nós dois
você incapaz de chamar meu nome.

VIII

amanheci
sem você e sua maneira definitiva de falar

o telefone fixo
sempre mudo exceto às quintas
e em dias muito escuros
quem agora atenderá os bancos
e as pessoas
que buscam por nomes que não são os nossos?

perdoe-me
não anotei no caderno das contas
a temperatura da pele dos dias
sem despencar nos seus braços

às vezes olhei para a sua ausência
no canto da cama.

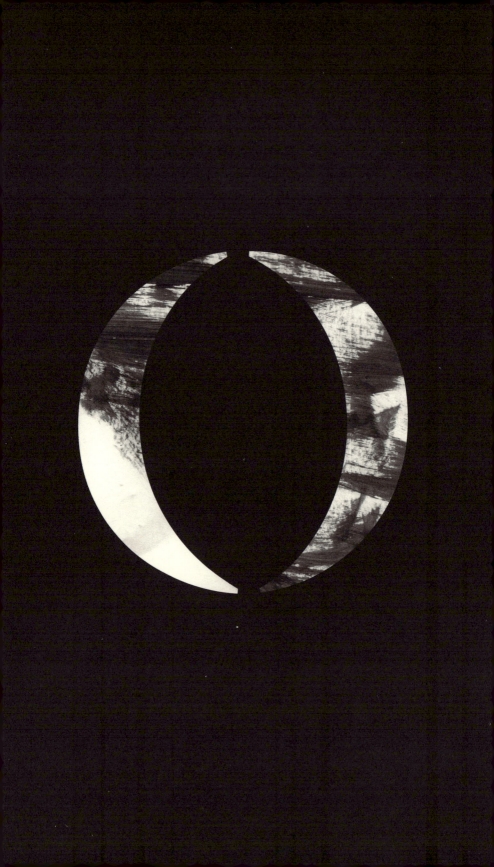

como se o presente intenso demais abrisse o início das confidências

o papel tomado assim como
o corpo
todas as palavras expostas exceto aquela que
não se ousa
abrir a boca em vão, não
muda palavra
curta pronúncia.

o corpo tomado e a palavra cravada entre os vértices da caixa alta
torácica.

o nome no corpo do papel
um pouco maior do que a morte,
de início côncavo quase melódico,
quase cântico.

o corpo tomado pela palavra desdita,
o corpo tomado, o corpo.

este papel não mostra as páginas úmidas
que antecedem o poema.

um fio de papel
duas marcas: positivo aos 41
ainda há tempo me contam as linhas na mão
que pendem das dobras dos joelhos

um fio gelado da ponta do dedo do pé ao ventre
9 meses e a memória:
a avó ainda
nunca mais viva e eu

vou parir

um fio de lágrima no rosto do pai
os dedos em movimento distraído
os olhos num sorriso úmido, a boca

eu te amo mais nitidamente agora

um fio aparta desejos e mormaços
jamais imaginei ser feliz de quatro
diante de uma tigela de aparar o que
o corpo não sustenta

um fio inaugura vértices, outro vocábulo

que as bordas aguentem firmes
expandam com propriedades tortas
que eu nunca fui de ser reta.

I)   o que pode uma mulher diante da brutal certeza
     era a minha pergunta todos os dias desde o dia
     em que ouvi a irmã na cozinha
     mistura de pão e azeite, o cheiro:

mamãe vai morrer.

se eu fosse mais jovem e pudesse
diria do corte das contas das cenas

papel molhado no canto da pia
o banheiro, as lágrimas, a cabeça em giros
o fio do destino perdendo-se no cesto das horas.

mamãe vai morrer

o filho, onde está?
envolver os braços no pequeno corpo,
quem sabe assim não saboto essa verdade?

em breve
o pano cai.

II)   uma mulher diante da morte pode tudo:
pode rir e ficar em silêncio
pode pedir para todos
silêncio.

pode pedir para que falem as pessoas
que calem as pessoas
que voltem a falar
as pessoas

pode esperar que as palavras surjam
pode fundir-se ao sentido das palavras
manhã janela, tarde pedra, noite ar
pode ser balde, pranto, dor e deserto

pode ter medo e dentes quebrados
pode dizer não quero ficar só
pode dizer não tenho medo da vida
quem sabe a morte

uma mulher diante da morte pode
dar 3 garfadas lentas no prato
pode fixar-se à paisagem
piscar para o tempo
pode dormir exausta e completa

por hoje eu não senti dor

uma mulher à beira da morte pode
colocar as mãos nas mãos dele
e pedir desculpas por partir
50 anos é tempo demais.

pode perguntar à filha mais nova: já morri?
pode lembrar à mais velha das bengalas do avô
uma mulher à beira do fim
pode evitar muitos tipos de assunto,
pode perder-se nos meios e em promessas
pode começar a rezar, sem fé
pode perder o ar.

uma mulher que sabe que vai morrer pode ser bela e rija
pode pensar no futuro e
posar para fotos a qualquer momento:

camarões rosas contrastam com o fundo branco dos pratos raros.

uma mulher pode tudo
até não poder mais.

IV) o que pode uma mulher diante do inflamável?
entrar em combustão, apagar o ar.

ela saberia o que fazer nesses tempos de agora,
hoje mesmo sendo quarta
pensei quando tive coragem de abrir os olhos.

são muitos os assombros, e são imensas as paisagens
que se mostram nessa janela inaugurada por você em minha casa
montanhas e bichos desconjuntados,
e vivos.
o mar logo ali, o sol
com toda a sorte de variações de temperaturas.
a chuva,
e a música que chega
pregada a ela.

ela saberia o que fazer quando a necessidade
ficasse tão grande a ponto de sair pelo umbigo
e estamos todos um pouco náufragos
um tanto secos,
ela saberia o que fazer neste percurso de fio
pendente

meu coração preso a um balão de gás furado.

alguém que consiga reproduzir o estralo dos seus lábios quando pensava uma grande ideia no banheiro. pela manhã bem cedo ou de madrugada. alguém que consiga o silêncio dos seus olhos segundos após e o infinito. um ar que dê conta de passar entre os dentes da frente de fora pra dentro enquanto as sobrancelhas arqueiam e o queixo ganhe furos sem remendos. um dedo toca a boca. um L encaixa-se perfeitamente no pescoço e o olhar pende. me acompanhe não me deixe só.

formiga a ponta dos dedos
o leite não desce você
compreende e ainda assim
não pode se livrar

da fome

seu choro
meu choro

no começo de tudo era a pele
não sentia – e não sentir sua
pele por inteiro pela ponta
dos dedos me fazia demorar
seu corpo

seu corpo meu corpo
um só peito
mistério do encontro despido

como se o presente intenso demais abrisse o início das confidências.

impossível o corpo
voltar ao que um dia era

um corpo sempre vai

abertos à exaustão das marchas
uma noite, duas, mil noites sem futuro:
é sempre o começo para quem inaugura outro
em seu próprio espaço

em algum preciso momento que não se distingue
é tudo feito da mesma matéria é tudo feito
do mesmo gesto é tudo feito da mesma carne é tudo feito do mesmo sopro e ainda,
espelho

meu corpo
seu corpo

o fio da aranha sustenta pedras e moscas
o fio da aranha é um corpo
o modo como a aranha tece a espera é um corpo assim como
é um corpo o estado impermanente das nuvens
e a sombra projetada nas cadeiras mancas e ressequidas do quintal
os passos do homem, um corpo ausente
o mantra das tribos que insistem
a saudade antecipada
seus passos em terra firme

impossível o corpo
voltar ao que um dia era

um corpo só dá voltas sobre si.

caminhar sua cabeça
começar pelo princípio
o fim deste couro importante
passar por onde a orelha esquerda existe
tentar em vão encontrar a gruta
acuar o grito debaixo da dobra da nuca apertar
o pé do pescoço manco
galgar ao topo usando a curva da orelha

a outra

girar na tímida depressão da moleira
o buraco que se fecha para alívio da mãe
a tristeza fincada nas ancas
o alumbramento fincado nas ancas
os pés pendentes no ar
descer
repetidas vezes sem escalas

aos teus pés.

– é líquida a chegada
sólida a partida

disse o homem
entre minhas pernas
entredentes
entre todos

vou te fazer um corte

fundo, as vozes desde sempre ancestrais
cordão que pende ora à frente
ora atrás na biografia de toda mulher

uma força bruta e o chamado:

em plano-sequência
meu filho me pariu.

eu fui aquilo que jamais ousei. era algum lugar impreciso e o corpo sabia.

o começo do outro, o vazio daquela barriga impossível. eu já não fui. sentada numa cadeira vermelha da cor do sangue que ainda despenca entre as pernas eu não sabia que o sangue ainda permaneceria. eu fui o sangue.

minhas plaquetas estáveis quando me sento hoje nessa cadeira vermelha e naquele tempo de antes, elas eram metade. não é possível ver o sangue saído de uma picada de inseto, não é possível crer que sua picada possa nos fazer cair pela metade e nem é possível prever quando o sinal vermelho dos médicos acende – pena e deboche.

eu era ontem distante do que fui quando não cheguei à temida sala de urgências. eu era água quente, muitas marés. eu fui lava.

eu não era mãe quando minha mãe caminhava decidida pela casa. meu pai quebrou a bacia enquanto eu não tocava meus pés no chão. ele não chorou e eu ontem inundava todos os móveis.

eu não fui ao parque no dia prometido nem deixei que a amiga que vive longe me visse naquele estado interessante. eu não sou interessante.

eu parei naquela esquina. o menino não – por desconhecer seu significado. o menino era o desconhecido.

eu era outra quando de mim uma água distinta anunciou o rompimento.

eu não senti dores na noite que antecedeu o começo da súplica.

a última imagem que você viu
antes de dizer com o corpo tenho frio:

as flores plantadas no vaso de cerâmica
acomodado no tronco de madeira morta do quintal

um suspiro, os olhos verdes e as rugas das mãos
uma vida inteira, pares e ímpares anos antes de você
saber tudo sobre inaugurar begônias,
germinar abelhas, derreter certezas

antes de você saber tudo o que sabe sobre a forma exata
de acalmar corpos aflitos
antes de você se tornar necessária
em todas as paisagens.

— a mãe que se reparte
o delírio da chegada

escrevo este poema
com o filho nos braços o mesmo
que minha mãe não consegue carregar
menos de 3 quilos é o quanto
ele acumulou desde que
nasceu

parido da ponta da cabeça entre as pernas até onde eu não sei.
como medir o peso da dor de uma avó com pulmões comprimidos
eu não sei.

o pai perdido em cima de uma cama pequena e dura,

magro e comprido como um filho em cima
do colchão dizendo coisas desencontradas como

quem é ela? apague este fogo
um fio preso a você estica e encolhe
como a vida mesmo

os cabelos da criança não precisam de 2 enxágues como os da mãe.

como não ventava lá fora
e o ar teimava uma cantiga fina
circundamos cúmplices
a mesma casa

do carrinho
sua cara redonda olhava para o alto

para toda
a parte

olhei para cima, a sua varanda, mãe,
a que dá pro seu quarto
agora me acolhe
vista lá de baixo jamais será minha
vista lá de baixo
tem você
encostada no parapeito

parei bem debaixo dela com o filho

se você nos visse
você diria qualquer coisa que as mães que avistam
as filhas sendo mães dizem e talvez
você me chamasse
a mim ou ao seu neto

me esperem
vou descer pra brincar com vocês.

qual a cor imediata da água
o primeiro vértice
o último estranho
quantas mortes naquele lugar de avó presente
meus ossos doem
os dias difíceis fazem cair a boca
os olhos resistem
a rua de terra e o assombro
quem era aquela dos sonhos, todos
um filho basta, para quem
onde envelhecer o corpo
quem é o ombro depois do último sinal
a fruta favorita a cada estação
onde ficou aquele lápis enorme de pontas difíceis
as fotos que rasgaram: durex ou lixo
seguir amando as lagartixas
seguir amando as lagartixas grudadas umas às outras
onde ficaram os pratos para mesas póstumas

o medo onde enfio
(a cama já não há).

– uma criança solitária em um parque escuro
no mais escuro da noite.

para explicar o som da máquina que fazia
respirar seus pulmões
é preciso colocar mil homens em um estádio lotado de lobos
famintos e dizer a cada um
sobre o perigo. o ruído
eis um prenúncio
a máquina noturna capaz de silenciar todos os corpos.

para reproduzir este som,
um sem-número de cavalos alados
rodopiando em um espaço ínfimo
cegos

ainda assim, você dormia
e sonhava até

o bruto silêncio dos dias seguintes.

escutará uma mulher a outra na imensidão do colchão nas noites sem fim?

descompressão pulmonar:

o peito em brasa o corpo rijo a dor longínqua as mãos
presas e as línguas impossíveis
coisas desnominadas
procedência vernacular

respira-se lento para que o choro não acorde tão pequena vida.

o corpo nu e os braços cansados.

os olhos pedintes
a fome do embalo o leite escasso
a saudade.

súbito uma força ereta desde a base
da coluna
até a ponta dos dedos
o anúncio quente

ebulição circular.

o que dizem o que pensam
o que propagam as cruzes o peito o chão
as crenças os ritos
silêncios dentes todos os fios
joelhos e mãos.

sim, ela visita a noite da casa
embora amanheça e eles
digam não.

deu agora de chupar o chão
pousa as mãos nas poças e mete de volta à boca
puxa os pelos do velho cachorro sem banho, engole-os
exatamente nesses tempos febris
altera o feitio das coisas

deu agora de brincar que a normalidade
ainda mora neste teto, nesta casa
neste jardim de três outonos
precários.

uma coisa íntima plantada entre duas
mulheres à beira da mesa do café que mira a rua

a primeira toma o ar entre, recolhe ombros
eu permiti a um filho não nascer

a outra cerra olhos mãos nas mãos daquela que chora:
o mesmo espanto.

é ainda bem cedo
mal alimento o filho nascido, ela diz
e percorrem o horizonte cego à frente bem
à frente

nítido.
nasce o silêncio preciso.

– um barco guiado por estrelas já mortas

I

ninguém podia trançar as roscas
dormidas na janela, só ela

naquele tempo,
mulheres postas de lado
feito pequenas coisas carcomidas por cupins
mulheres não prestam para todas as coisas
como votos festas cachimbos,

o sexo

a avó separa os grãos todas as noites enquanto
dorme o filho em uma caixa de maçãs que
ela não comeu

separar a madrugada
a aflição do silêncio perdulário
separar o cansaço para depois
o corpo violado
separar as vestes
a boa mãe na gaveta ao lado
separar o desejo para depois
o corpo inerte, cansado

noites gestam e acordam bichos.

II   não consigo lembrar o gosto da primeira coisa
que mastiguei logo depois que ela se foi
lembro do estômago quente quando ela ainda estava,
olhos fechados e o presente
o pescoço mal articulado
as dobras dos dedos cansadas
lembro do movimento
sair e entrar pela porta da cozinha,
encostar no muro da varanda
olhar para o pai, a irmã
voltar à sala, ajoelhar
entrelaçar os dedos nos dedos dela

depois, as tias com caixas de doces
que é assim que fazem as pessoas antigas quando querem dizer
está tudo bem
lembro que o gosto das castanhas
ficou preso ao céu da boca
misturado ao cheiro dos cravos das coroas
esse cheiro próprio das despedidas
lembro de achar que o filho estava perdido
nos braços de alguém que não sei
lembro de descer o pequeno monte com a blusa aberta
do frio na ponta dos peitos ainda mal-acostumados
lembro de buscá-la para fazer um comentário
que a faria rir daquele jeito
enquanto subia as escadas infinitas
lembro de não me lembrar do retorno à casa

depois
a noite.

deitar ao seu lado alto dia ainda ouvir
a serpente do fosso
submergindo
ao encontro diário da pele daquele homem alvo
fosse a mulher, alva
fossa noite
nada

procurar os vestígios na manchete do jornal
não encontrar uma única linha.

pernas cruzadas
nunca espichadas como aquelas
de bonecas de pano nos baús das avós

mofadas

ainda há tanto e o sol
já abandonou o lugar de onde o vemos
estando aqui onde estamos

o menino está dentro
eis aí uma verdade inconteste
ainda não é possível
tocá-lo de onde estou,
embora a névoa que se forma no raio-X
me conte que seus lábios gostam
de formar aquilo a que chamamos beijo

no íntimo do corpo estranho
estica encolhe dá voltas e
nada para dizer

seu avesso é tudo aquilo que conheço.

como se diz língua em todos os cantos
e como se forma o que pretende quando pergunta

é possível prender uma língua à parede e
presa, como fazer para soltar as mariposas pregadas a ela?
em que preciso local ela se aninha, a língua
para fazer descer o leite
nas manhãs ariscas de noites insones?

porque é quente ao final do dia
e amorna as manhãs, tua língua
me acorda, passeia por minhas temperaturas
profunda língua

o que busca tua língua quando responde
me lambe me livra me love

língua posta
dentes sem memórias

onde ecoa o que você diz quando não me olha.

– como é possível atar em um só nó:
o fio que teceu o que fui, a linha embolada,
o novelo do que ainda será?

para onde iam
aqueles olhos
que descosturavam
a vidraça nas manhãs sem esperança?

inauguro prováveis respostas
pergunto todas as noites
a parede não diz
nada, o último banco
os avessos dos lençóis de dormir, a TV
agora sempre desligada, os arbustos de ervas
daninhas e ervas de chá, o par de tênis novo
à espera de seus pés as feridas
nada, ninguém diz.

aquele canto carcomido do armário
os livros na estante
mudos suas roupas em meu armário
as cartas que chegam com seu nome
ninguém responde
para onde foram seus olhos
naquela manhã
do sonho liberto
ninguém diz
exceto o ar

o ar talvez.

atentos ao ínfimo dos números
qualquer marca à direita baixava o ponteiro e os dias inversos
cresciam no calendário inaugurado
à espera

contar o tempo,
mais uma semana, menos 50 gramas
medir em sete dias, retornar em 15

para averiguação
um e outro peito
40 minutos, 3 em 3 horas madrugada
adentro

todos os dias cantar
em outra língua,
medir o choro
nomear esse vazio.

sempre pisamos descalços o dorso quente das pedras
essa é a verdade
por cima
uma sorte de folhas ressequidas
um tanto mortas
muito abaixo, o solo
o cheiro das criaturas moles
a memória da árvore a semente partida
que não vingou.

— vê. estão verdes ainda
as maçãs do quintal.

a casa de pássaros vibrantes
à procura – *pão e palavra*,
a mesa meio posta, as mãos vagas
o silêncio do pai, os chinelos imaginários
de quem chega antes

a origem, o fio invisível, o nó
te amei todos os dias e hoje ainda quando o corpo não

maio e a data coincidente dos estados carimbados
nas minhas olheiras,
nos meus peitos
vãos, em sua barriga
flácida em seu humor
de café extraforte

neste maio enclausurado, não é festa
embora eu devesse dizer como é bonito
habitar este novo lugar
imenso e alucinado
de órgãos que
demoram o retorno, o ventre
a calmaria dos feriados prolongados,
sua mão

no tempo

é outra a pessoa que se veste nesta pele perdida

a sua cama no quarto
onde você não vive
sem colchão.

– *onde você vive?*

o pé fixo, as bordas do medo, o fio de fumaça do cigarro
apagado e o vazio que cobre todas as dobras
poeira e estilhaços de memória

agora tento responder aos gritos que saem deste útero.

o pai dois andares as gaivotas
que pendem robustas das ramas, a mãe
presente na arquitetura dos quadros que falam de nós:
as crianças expostas em pequenas molduras
sorriem ou fazem ar de mistério

habitar este ovo denso
criar uma pessoa desde o seu início
a terra o medo a saliva
prender o ar embaixo da copa
da mangueira;
torcer para que o fruto logo
acima escolha outro destino
contar o tempo que leva o seu perfume
do caule ao nariz

8 segundos cantar

tem mais de asa no canto dos pássaros
que acordam pela manhã
ao fim do dia inverte
tomar nas mãos a saudade e embalar
os pés descalços são herança dela

aquela que jamais deixava aparentes as rachaduras.

passou a acordar antes o desejo
só depois o dia
reconhece-me sem pressa
como quem aborda angústias
sorrindo

gira o corpo em teste
identifica partes memórias o cheiro
do café passado as manhãs aparentes
nas frestas da pequena janela quebrada

sou eu neste colchão

repare: as unhas crescem como se preciso fosse
manter essa espécie de garra, um fio
de saliva farta o dorso manso o dedo mínimo esquerdo
do pé torto e a preguiça trêmula
tamanho viço pequeno corpo

cria linhas
fissuras e
alimenta

corpo inaugurado
neste porto ainda desconhecido.

da memória deste lugar
posso ouvi-la de quina em bando
suas vestes, o medo justo
o corpo rígido
sua fome, o mar
garras voláteis celebradas e
abertas e exaustas

os gritos da fera habitante.

meu filho nasceu aos 51 minutos do dia 18
e fazia calor. minha mãe
partiu em um tempo sujeito
a pancadas de ar.

costumo ser lenta nos aprendizados,
especialmente em domingos chuvosos
ou excessivamente quentes.

não eram nem 19 horas:

naquele fim de tarde, 29,
minha mãe pulou para dentro de mim.

Val Prochnow

— ainda vamos nadar no azul e
queimar as folhas mortas, meu amor

Posfácio

da força do indeterminado

por
Maraíza Labanca

Para fazer ouvir o ruído da dor advinda de uma experiência-limite, seria preciso "colocar mil homens em um estádio lotado de lobos/ famintos e dizer a cada um/ sobre o perigo. o ruído/ eis um prenúncio/ a máquina noturna capaz de silenciar todos os corpos.// para reproduzir este som,/ um sem-número de cavalos alados/ rodopiando em um espaço ínfimo/ cegos". Ou seria preciso apenas escrever um poema?

A escrita intensa de Val Prochnow neste livro leva-me à seguinte formulação do escritor Juliano Garcia Pessanha, em um breve ensaio não menos intenso: "quem tem milhares de ideias e projetos é o publicitário"; o "escritor real" tem apenas uma ferida, "cujo nome ele desconhece, mas que lhe concede silêncio e uma palavra gaga e balbuciante"./1/ Essa palavra gaga e balbuciante definiria, para Pessanha, a palavra literária, mas parece evocar também um estado de nascimento da língua, um estado de brotamento. Lembremos que a aquisição da linguagem, na criança, ocorre assim, entre balbucios e gagueiras. E há ainda algumas experiências-limite em que mesmo um adulto vê suas frases (se) partirem, sua sintaxe craquelar, suas palavras se abismarem em ruínas. Fica-se com os destroços da língua – na morte, por exemplo, ou na travessia de uma perda brutal. De suas fissuras, o brotamento pode, no entanto, recomeçar – um novo idioma –, não para escamotear o que foi fraturado, despedaçado, mas justamente para dar a ver os restos desse encontro com uma dor impossível de nomear. Por ser tão difícil de nomear, o poema parece ser seu melhor leito, dado que sabe bem recolher esses destroços, metamorfoseando-os em canto. Canto que, por sua vez, faz encontrar o fim e o início de uma língua, o que talvez equivalha a dizer o fim e o início de uma vida: a morte, o nascimento.

E como tocar o acontecimento-limite da morte (ou da dor inominável) sem, junto a ele, morrer? Conforme tratado conceitualmente, em especial pela filosofia contemporânea, o *acontecimento* é capaz de produzir efeitos no corpo e ultrapassa as instâncias encarceradoras de um eu, de uma consciência determinada, trazendo, com ele, sua força, sua potência de indeterminação: "vejo a mulher que sou/ ultrapassada pelas pontas do destino". Sabemos, a consciência – e a razão – é pouco para o que está em causa. E se para a morte "não há outra verdade", para o poema também não. Neste livro, Val Prochnow toca o poema e sua verdade, afunda as mãos no lodaçal da dor e da sua repetição informe, compondo sua própria litania. A dor insta a uma repetição que parece exigir uma contagem desesperada da passagem dos dias que não passam. Contar a dor, como quem tenta doar-lhe alguma forma, algum nome – com o qual se possa, enfim, pronunciá-la e, portanto, quem sabe, apaziguá-la nas linhas dos versos, seu berço insone. Mas, mesmo dali, mesmo que não vejamos as páginas úmidas que os antecederam, ainda é possível ouvir os urros e balbucios, as súplicas. Contar os dias – um a um, num cálculo que marque a passagem do tempo e do desamparo –; contar os dias – testemunhá-los, narrá-los – não é possível agora. Eles são iguais. Eles também sofreram a força do indeterminado, alcançando uma espécie de noite completa. Não, não há salvação. Não há consolo. E não é possível sabotar essa verdade – ela sabe –, o pano sempre cai. Isso não quer dizer, entretanto, que não se tenha uma tarefa a fazer. Cumpre contornar os dias, "a varanda as roupas dependuradas a árvore", porque a rotina se tornou uma desconhecida – esta outra verdade inatacável, difícil de engolir. Doravante, os objetos mais banais e as cenas do cotidiano são convocados, como se a voz que enuncia nos poemas tivesse perdido a intimidade com eles ou como se esses objetos tivessem recuperado a capacidade de nos causar estranhamento.

Sim, a cronologia já não conta, o tempo não corre em linha reta, antes "enlouquece neste estado de mínimas certezas", por mais que tentemos nos agarrar aos relógios e aos calendários e embora os dias continuem acendendo no mesmo horário. O tempo da experiência do poema é outro: como um "presente intenso demais". Mas, além do tempo, a escrita de Val Prochnow se deixa atravessar pela força do indeterminado também porque a palavra é tomada como corpo e o corpo é tomado como palavra, numa con-fusão de corpos e tempos: "seu corpo meu corpo"; "é tudo feito da mesma matéria é tudo feito/ do mesmo gesto é tudo feito da mesma carne é tudo feito do mesmo sopro e ainda,/ espelho".

> são muitos os assombros, e são imensas as paisagens
> que se mostram nessa janela inaugurada por você em minha casa
> montanhas e bichos desconjuntados,
> e vivos.

Neste livro, o assombro não habita apenas a morte, habita também o nascimento. Têm sido frequentes os textos poéticos dedicados à experiência da maternidade no mundo contemporâneo. Entretanto, a escrita de Val Prochnow marca uma diferença em relação a essas escritas: ela não é maternal com a linguagem, não apazígua o assombro. Assim, um bebê passeia pelo corpo da mãe não porque esteja maravilhado com um paraíso na terra, mas como primeiro território onde se descobrem os abismos espaciais que encontrará no mundo.

> a tristeza fincada nas ancas
> o alumbramento fincado nas ancas
> os pés pendentes no ar
> descer
> repetidas vezes sem escalas
>
> aos teus pés.

E a imagem da ferida retorna outras vezes mais – uma imagem-chave para entender a formulação de Juliano Garcia Pessanha e a escrita deste livro, que encarna a fenda como corte, mas também como passagem entre corpos, entre dentro e fora, entre passado e futuro e entre a vida e a morte: instante de indeterminação.

Roland Barthes, após a morte de sua mãe, escreveu, em seu Diário de luto, a partir de sua leitura de Winnicott: "tenho medo de uma catástrofe que já aconteceu"./2/ De certa maneira, Val Prochnow escreve esse medo e seu silêncio ruidoso, essa noite que vem depois da noite: percorrê-la na tentativa de nomear esse vazio, trazer à tona os corpos, os tempos e os objetos mais banais – até as palavras mais abstratas caem nos versos como objetos concretos, pontiagudos. Esse trabalho pôde, então, inaugurar um vocabulário novo, nascente, vivo, em que o indeterminado ganha lugar circunscrito, agora, pela beleza luminosa de uma noite segunda, uma noite outra, transformada. Afinal, eu diria, ao cabo de minha leitura: não é o balbucio a aprendizagem maior do poeta, seu idioma?

Notas

/1/
Cf. Pessanha,
Juliano Garcia.
Como fracassar
em literatura.
Pausa, n.100.
Belo Horizonte,
jun. 2013.
p. 19.

/2/
Barthes, Roland.
Diário de luto.
São Paulo:
Martins Fontes,
2011.
p. 199.

OUTONO 2023

TIPOS: Seria Sans (poemas)

& Masqualero (títulos)

GRÁFICA: Formato

PAPÉIS: Cartão Supremo 250 g/m² (capa)

& Pólen Bold 90 g/m² (miolo)